INGREDIENTES PARA UMA
CONFEITARIA BRASILEIRA

JOYCE GALVÃO

INGREDIENTES PARA UMA CONFEITARIA BRASILEIRA

COMPANHIA DE MESA

Copyright © 2021 by Joyce Galvão
Companhia de Mesa é um selo da Editora Schwarcz S.A.

Grafia atualizada segundo o Acordo Ortográfico da Língua Portuguesa de 1990, que entrou em vigor no Brasil em 2009.

CAPA Joana Figueiredo
ILUSTRAÇÕES DE CAPA, DE MIOLO E DO VERSO DA CAPA Estúdio Arado
PREPARAÇÃO Andréa Bruno
REVISÃO Adriana Bairrada e Márcia Moura

Dados Internacionais de Catalogação na Publicação (CIP)
(Câmara Brasileira do Livro, SP, Brasil)

Galvão, Joyce
 Ingredientes para uma confeitaria brasileira : reflexões para uma nova confeitaria / Joyce Galvão. — 1ª ed. — São Paulo : Companhia de Mesa, 2021.

 ISBN 978-65-86384-06-2

 1. Confeitaria 2. Confeitaria – Brasil 3. Culinária brasileira 4. Doces 5. Receitas (Culinária) I. Título.

21-58342   CDD-641.8681

Índice para catálogo sistemático:
 1. Brasil : Confeitaria   641.8681

Maria Alice Ferreira – Bibliotecária – CRB-8/7964

1ª reimpressão

[2021]
Todos os direitos desta edição reservados à
EDITORA SCHWARCZ S.A.
Rua Bandeira Paulista, 702, cj. 32
04532-002 — São Paulo — SP
Telefone: (11) 3707-3500
www.companhiadasletras.com.br
instagram.com/companhiademesa

SUMÁRIO

Introdução 9

FRUTAS 13
  1. Cambuci 16
  2. Jatobá 20
  3. Grumixama 24
  4. Cereja-do-rio-grande 27
  5. Pitangatuba 30
  6. Juá 33
  7. Sapoti 36
  8. Butiá 39
  9. Umbu 43
  10. Jenipapo 46

FARINHAS E CEREAIS 51
(e um capítulo dedicado só ao milho!)
  MILHO 55
  1. Fuba 59
  2. Pixé 63

3. Farinha de milho flocada	65
4. Fubá	68
5. Fubá branco	71
6. Milho crioulo	73
7. Fubá de canjica	76
8. Fubá de milho de monjolo (ou bijusada)	78

OUTRAS	81
9. Farinha de araruta	83
10. Farinha de mandioca copioba	86
11. Farinha de babaçu	88

PARA ADOÇAR	91
1. Mel de cacau	95
2. Garapa	98
3. Mel de engenho	100
4. Rapadura	102
5. Açúcar purgado	106

ESPECIARIAS	109
1. Sal marinho e flor de sal	112
2. Puxuri	116
3. Cumaru	118
4. Amburana	121
5. Imbiriba	123
6. Pimenta-de-macaco	125
7. Fava de Aridan	127
8. Priprioca	129
9. Pacová	131
10. Matchamate	133

FRUTOS SECOS 137
1. Baru 139
2. Sapucaia 142
3. Licuri 146
4. Castanha-do-pará 149
5. Castanha-de-caju e maturi 152
6. Semente de pequi 156

INTRODUÇÃO

Quando falamos em confeitaria, precisamos ir além das receitas. É necessário dar um passo atrás e mergulhar profundamente na compreensão daquilo que torna, por exemplo, uma trufa de chocolate cremosa, um bolo de fubá fofinho ou uma bomba de chocolate macia: ingredientes!

Uma receita balanceada ou explicada minuciosamente não é garantia de sucesso se os ingredientes utilizados não são os melhores ou os corretos. Um chocolate, por exemplo, não é só chocolate, mas uma união de terroir e processamentos, além de gordura e sólidos com diferentes percentuais, que podem afetar o resultado da receita. Além disso, devemos conhecer os ingredientes que escolhemos para protagonizar nossas receitas. As escolhas que fazemos, aquilo que optamos por consumir, vão garantir a preservação da nossa cultura, das nossas tradições e memórias. Consumir é um ato político. Sem demanda, muitos ingredientes simplesmente deixarão de existir.

Preparar um doce é mais que alcançar na prateleira de um supermercado um saquinho de farinha ou de açúcar: é buscar uma fruta no pé, debulhar um milho, saber plantar e colher, criando uma conexão real com a natureza.

Eu tenho muitas histórias para contar. Muitas. E todas estão conectadas à minha experiência de vida. Aliás, acho difícil desenvolver uma receita sem ter algo para expressar. Existem receitas aos montes por aí, afinal, todos temos algo para falar! Alguns contam histórias por meio de notas musicais; outros, por meio de palavras escritas em romances e poemas; e outros, ainda, por meio do alimento. A confeitaria nos possibilita contar muitas histórias. A questão é: como você quer contar a sua?

Aquilo que é semeado, cuidado e produzido na terra, sob o olhar atento de um produtor apaixonado, é um banquete do mais puro deleite, de se lambuzar! Por exemplo, existem sabores que você só provará uma vez por ano — isso se a natureza for generosa. Você só poderá prová-lo em determinada estação, em um período curto. Aqui, nesta terra. Em nenhum outro lugar do mundo esse sabor pode ser encontrado; só aqui, no Brasil! É a sua cultura, a sua verdade e a sua história. Onde está tudo isso nos doces que você tem produzido?

Eu vivo me perguntando o que é necessário fazer para identificarmos a nossa confeitaria como essencialmente brasileira, que influencia mais do que é influenciada. Utilizar ingredientes nativos é um bom começo, afinal comida é cultura, mas, enquanto preferirmos a framboesa que viaja quilômetros para chegar ao Brasil a uma grumixama que pode crescer no quintal de casa, estaremos distantes de compreender que aquilo que nasce na nossa terra, pelas nossas mãos, é tão saboroso, bonito e especial quanto o que vem de fora.

Se as receitas são construídas de acordo com as possibilidades de manuseio dos ingredientes em conjunto com os conhecimentos herdados, enquanto houver distância e falta de interesse pelo que é nosso não será possível evoluir como confeitaria brasileira.

É preciso repensar o que comemos, voltar o nosso olhar para dentro e descobrir a riqueza que temos à disposição. Por isso, desejo para a nossa confeitaria — e para você que lê este livro — reflexão e liberdade. Que sejamos mais ousados ao criar receitas, que sejamos livres para nos desprender de tudo aquilo que nos incomoda. Mas, para tanto, é preciso estudar e, sobretudo, compartilhar!

É hora de conhecer os ingredientes com profundidade e extrair o melhor deles.

O Brasil é doce e guarda ricas e incríveis surpresas para os cozinheiros mais curiosos!

FRUTAS

Butiá, juá, cambuci, guabiraba (ou goiaba perfume), sete-capotes, grumixama... Você já ouviu falar nesses nomes?

As frutas nativas do Brasil são pouco conhecidas e consumidas, e o resultado disso é a extinção. Algumas frutas, como a gabiroba, já são dificílimas de encontrar, enquanto as frutas não nativas, como a maçã, a banana, a laranja e o morango, dominam nossas fruteiras.

O desconhecido guarda sabores mágicos que brincam na nossa boca. As frutas não são apenas sobremesa; elas podem ser ácidas e utilizadas para temperar peixes, mas podem esconder um perfume inebriante e uma delicadeza na acidez de maneira a produzir um suco muito mais delicado que a limonada. Em suas sementes esconde-se um poderoso ingrediente, como no caso do pequi, ou, em suas cascas, uma especiaria deslumbrante, como no caso do cambuci.

Um universo de cores, aromas, texturas, sabores e formatos para dar de bandeja, para qualquer cozinheiro, um mar de inspiração!

I

CAMBUCI

O cambuci tem um espaço muito especial no meu paladar (e no meu coração). É algo nosso, brasileiro de raiz, originário quase exclusivamente da Mata Atlântica da Serra do Mar de São Paulo, chegando à capital paulista, a Minas Gerais e ao Rio de Janeiro. Para mim, deveria ter muito mais destaque do que apenas batizar o bairro paulistano onde antes reinava em abundância: o bairro do Cambuci.

O cambucizeiro em época de frutificação — de janeiro a abril — deixa o chão repleto de discos verdes, um paraíso para a fauna nativa. Quando eu era pequena, chegava da praia com os pés sujos de areia e os braços aninhando frutos suculentos que encontrava pelo caminho. Espalhados pelo chão, estavam no ponto ideal para serem consumidos, com a polpa perfumada, sumarenta e de acidez bem suave, que para alguns lembra uma mistura de melão com limão. Viravam suco, molho para acompanhar a pesca do dia e sorvete!

De casca adstringente fininha e verde (mesmo quando maduro), tem um formato único semelhante a um disco voador, sua marca principal. E é esse formato, idêntico ao dos vasilhames que os indígenas da região utilizavam para guardar água, que dá ao fruto seu nome, vindo do tupi *kamusi*, que significa "recipiente" ou "vaso".

Com a urbanização e o desmatamento, já esteve próximo da extinção, resistindo apenas em pomares domésticos. Fonte de alimento de jaús, pacas, macacos e tucanos, as árvores eram poupadas do corte por atrair bichos que serviam como caça. Com a diminuição dessa fauna nativa, a dispersão, feita por sementes espalhadas pelos animais, não acontece mais em ritmo satisfatório para sua manutenção nas matas.

Em 2004, porém, o cambuci ganhou destaque na alta gastronomia. A fruta foi utilizada em uma receita ganhadora do Ora-pro-Nóbis — Festival Internacional da Gastronomia Mineira. Em Paranapiacaba ganhou destaque em um festival criado para comemorar a safra e, dois anos depois, o cambuci ganhou mais espaço e hoje é celebrado também por meio da Rota do Cambuci, que abrange diversos municípios da Serra do Mar paulista.

Foi assim que a fruta voltou a cair no gosto do público — e virou substituta para o limão na caipirinha, algo que, desde o século xx, já era feito em São Paulo. Nenhuma outra fruta era tão utilizada quanto o cambuci para aromatizar, com delicadeza, a cachaça.

Quando o cambuci é cozido para produção de geleia, sua polpa verde se tinge de rubro, em uma metamorfose tão mágica que é até difícil de acreditar... só vendo mesmo — ou melhor, fazendo! Geleia de cambuci é uma delícia e acompanha com perfeição sobremesas mais gordurosas, com base de chocolate branco, por exemplo, e lácteas. A minha combinação preferida, com torta de ricota bem cremosa, fica um espetáculo!

* * *

Uma maneira muito simples de utilizar o cambuci na confeitaria é bater o fruto no liquidificador (eu gosto de bater com casca e tudo, mas, se quiser, pode descascá-lo) e levar a polpa para cozinhar em fogo baixo até ficar concentrada e formar um creme, que pode ser adoçado com mel e utilizado, por exemplo, para rechear bolos e tortas em substituição ao inglês *lemon curd*. Em sobremesas empratadas, traz uma acidez suave e aromática!

Já a casca pode ser seca e triturada, transformando-se em uma especiaria que em nada lembra o perfume do cambuci. A casca verde torna-se marrom-avermelhada, com aroma que remete vagamente a noz-moscada e sabor um pouco picante. É perfeita para aromatizar massas de bolos, tortas e biscoitos! Em excesso, porém, torna-se pungente.

2

JATOBÁ

Sempre ouvi histórias da minha mãe sobre sua infância comendo jatobá e voltando para casa com a boca "preguenta"! Confesso desejar ter tido uma infância como a da minha mãe: subindo em pés de frutas, correndo descalça pelas ruas, empinando pipas e cultivando cicatrizes cheias de histórias para contar aos filhos e netos.

O máximo que consigo me aproximar da infância da minha mãe é o amor que nutrimos pelo jatobá: o fruto com cheiro de chulé, casca dura que parece madeira e polpa verde, seca e macia, docinha que só!

O jatobá é encontrado na Amazônia, na Mata Atlântica, no Pantanal e no Cerrado (do Piauí ao norte do Paraná), e o que mais me encanta nele é sua polpa, que ultrapassa qualquer barreira que o odor possa criar: adocicada e em pó, seu uso na confeitaria se mostra fácil e extremamente prático!

Doces feitos com a farinha de jatobá eram muito comuns até o século XIX. Ela era utilizada para aromatizar suspiros e bolos com eficiência, além de aumentar seu valor nutritivo, fazendo jus ao seu nome popular, pão-de-ló-de-mico.

A palavra "jatobá" é de origem tupi e significa "árvore com frutos duros". Sua polpa já foi muito utilizada pelos povos indígenas em momentos de meditação, por levar equilíbrio a sentimentos e pensamentos — o que dá ao jatobá a fama de fruto místico, um patrimônio sagrado brasileiro! E a ciência já comprovou: o fruto traz benefícios importantes, como a organização mental, mas pouco se sabe sobre a quantidade a ser consumida para sentir seus efeitos.

Além de suas propriedades espirituais, a polpa é rica em minerais, como fósforo e cálcio, este em uma quantidade três vezes maior que no leite de vaca. A seiva, retirada do tronco e dos ramos, pode ser utilizada na forma de suco, agindo como um tônico potente para o fortalecimento imunológico, conhecido popularmente como vinho do jatobá. A produção desse remédio milagroso, no entanto, abre feridas não cicatrizáveis no tronco, que interrompem o fluxo da seiva, causando a morte da planta e colocando-a em risco de extinção. Hoje, para que não seja necessário retirar a casca da árvore, o vinho é produzido com um extrato do jatobá. Ainda assim, as árvores que atingem mais de quarenta metros de altura correm risco, em razão da exploração predatória da madeira.

Se um dia você se deparar com um jatobazeiro e tentar alcançar os frutos como se alcançam estrelas no céu, colha os mais maduros (os de cor marrom-escura) e sem broca na casca. Quando chegar a sua cozinha, pegue um martelo e, com o auxílio de um pano de prato — para não machucar as mãos e não ver jatobá voando para todos os lados —, embrulhe o fruto e quebre a casca numa pancada só. Retire a polpa manualmente e passe por uma peneira fina para obter a farinha, que, misturada com mel, se transforma em uma pasta bastante adocicada.

NOTAS

- A polpa pode ser congelada e dura até três meses!
- O uso da polpa é ilimitado: substitua a farinha de mandioca pela farinha de jatobá e prepare um beiju em que a massa, misturada com água e torrada, pode ser servida como petisco.
- Acrescente a farinha em massas de bolos e biscoitos, aromatize o creme de confeiteiro, a massa do brigadeiro... Meu preparo favorito é o bolo de jatobá coberto com creme de chocolate 70%.

CURIOSIDADE

A expressão "velho como um jatobazeiro" é utilizada em referência àquele que se mantém vivo e lúcido, apesar da idade.

3

GRUMIXAMA

A grumixama sempre despertou minha curiosidade. Quando a conheci, estava indo a uma reunião, caminhando — apressada, como sempre estamos, aqui em São Paulo — pelas ruas do bairro de Perdizes.

De relance, vi uma árvore e achei que os pontinhos pretos espalhados entre as folhas brilhantes fossem cerejas. Quando me aproximei e colhi um, não resisti: olhei para um lado, olhei para o outro, esperando que alguém me repreendesse — "Não coma isso, menina, é venenoso!". Mordi com as pontas dos dentes, receosa, e me espantei: era doce, de polpa carnosa e tão suculenta que escorreu pelos meus lábios. Apesar de não gostar de fazer associações ou comparações com outras frutas, pensei: é uma cereja!

Colhi mais algumas e corri, do mesmo jeito que imagino que um ladrão deva correr, tentando chamar pouca atenção, olhando para trás para despistar quem quer que pudesse me seguir. Cheguei em casa, recorri aos meus livros e descobri: grumixama. Foi amor à primeira vista, à primeira mordida e à primeira descoberta.

Naquele momento, pensei: cereja nunca mais! Exagerei, claro — a verdade é que eu amo cereja. Mas, na linha de paixões e amores, a grumixama subiu de posto, com certeza.

Passei então a usá-la em substituição à cereja, começando pelo bolo floresta negra, mas me senti ousada e desrespeitosa — não dava para me intrometer em um bolo com tanta história... Deixei de lado e a coloquei no brownie. Fiquei incomodada, afinal, doce clássico americano com fruta brasileira? Até parece que eu queria dar uma de Carmen Miranda! Mas essas duas audaciosas substituições me ajudaram a entender que a grumixama casava muito bem com sobremesas lácteas e à base de chocolate.

A polpa tem sabor doce, levemente ácido, que lembra... Eu sei, já disse que não gosto de fazer associações, e torço para que um dia a gente entenda que grumixama tem gosto de grumixama — e não de algo entre jabuticaba e pitanga, como eu ia dizer —, porque aí significa que essa fruta vai ser tão conhecida quanto a maçã.

Dessa história toda nasceu minha paixão pela frutinha que teimamos em chamar de "berry brasileira" — uma bobeira sem fim para tentar chamar atenção. O nome é GRUMIXAMA, do tupi *komixã*.

Nativa da Mata Atlântica, a safra, que vai de outubro a dezembro, já dá a deixa: ela pode, sim, ser a nossa "cereja" do Natal, não é mesmo? Seria lindo ver as bancas em feiras e mercados repletas de grumixamas...

Da grumixama usa-se tudo, até o caroço! Rende geleias perfumadas, xaropes para refrescos, compotas, sorvetes e cremes, além de ficar linda como decoração, do mesmo jeito que a gente gosta de usar a cereja chilena. O caroço? Espalhe por aí. Quem sabe assim não reflorestamos a cidade para poder colher nossas próprias frutinhas no Natal?!

4

CEREJA-DO-RIO-GRANDE

A cereja-do-rio-grande já foi grumixama para muita gente. O inverso também é válido, então vamos resolver essa confusão logo de cara!

Calma, eu explico: é que as duas frutinhas são bem parecidas. Assim como a grumixama, a cereja-do-rio-grande tem uma coroa na ponta oposta ao cabo e a coloração arroxeada, bem escura quando madura, e a safra das duas ocorre no fim do ano, entre outubro e dezembro. O que difere uma da outra é o formato. Enquanto a grumixama é esférica, a cereja-do-rio-grande é ovalada, como um cajuzinho.

Também conhecida como "cereja nativa", é prima dos frutos da pitangueira, do araçazeiro, da jabuticabeira, da cagaiteira e da guabirobeira, entre outras frutas autóctones, todas pertencentes à família das mirtáceas.

A planta é nativa dos campos do Sul e Sudeste, embora já seja cultivada em pomares domésticos por todo o Brasil e também fora do país. Recomenda-se que seja cultivada em vasos, o que indico muito, já que, além de colher frutinhas deliciosas, você vai receber visitas de sabiás e bem-te-vis loucos para compartilhar as cerejinhas com você!

Bem perfumada, é muito ácida quando verde e bem docinha quando madura. Por esse motivo, é perfeita para fazer compotas em qualquer estágio de maturação — depende do que você deseja para seus doces!

Qualquer fruta pode virar suco, geleia e sorvete. Pode parecer clichê, mas é verdade, afinal, são as maneiras mais simples e acessíveis de trabalhar com frutas que desconhecemos e lhes dar um tempo de vida maior, já que, quando frescas, elas têm vida curta.

Assim como eu faço com as grumixamas, gosto de preparar as cerejas-do-rio-grande em calda. Sabe as cerejas ao marasquino — aquelas cerejinhas de cor duvidosa que decoram bolos e tortas? Pois as cerejas nativas em calda ficam com um tom vermelho vivo, lindo de se ver — totalmente diferentes da coloração "fluorescente" das cerejas industrializadas.

Vou ser audaciosa e dizer que elas acompanham com perfeição o manjar de coco no Natal, ainda mais do que as ameixas. Na verdade, para não dar briga, eu faço um bufê de sabores para o manjar: coloco ao redor dele potinhos com vários tipos de acompanhamento: polpa de maracujá fresquinho e purinho, ameixas (tradição é tradição), compota de cerejinha-do-rio-grande e por aí vai...

Para a compota, leve um punhado de cerejas-do-rio-grande lavadas e sem sementes a uma panela com um pouco de água e um tanto de açúcar a gosto. Não tem receita, de verdade... Você junta um tanto disso, um tanto daquilo e deixa cozinhar até as frutinhas ficarem macias. Coisa rápida. Depois, se quiser engrossar a calda, é só retirar as frutas e cozinhar até o ponto desejado.

Transfira para uma compoteira bem bonita e coloque na mesa. Todo mundo vai se surpreender!

5

PITANGATUBA

A pitangatubeira é uma árvore arbustiva com cerca de dois metros de altura e adaptável a diversos tipos de solo, o que facilita muito seu cultivo domiciliar, em vaso, ou então em pomares, como o do Adhemar Gomes.

Conheci o Adhemar em um congresso sobre frutas nativas na Faculdade de Agronomia da Universidade de São Paulo. Durante a palestra que ministrou, ele exibiu sua coleção de jabuticabas e uma fruta em especial, a pitangatuba.

Desse encontro ficou o convite para visitar seu pomar em Casa Branca, município do interior de São Paulo, a capital da jabuticaba! E dessa visita nasceu o primeiro episódio da web-série para o YouTube *Doce Brasil*, na qual percorro o Brasil para compreender melhor a cultura doceira do país.

Foi durante a gravação desse episódio que finalmente provei a pitangatuba, fresquinha, direto do pé! A fruta endêmica da Mata Atlântica, que costumava ser abundante em regiões de restinga do litoral do Espírito Santo e do Rio de Janeiro, é carnuda, suculenta e deliciosa. Basta uma mordida para seu suco escorrer pelas mãos até atingir o cotovelo!

"Parece uma carambola pequenininha!" Essa foi a minha primeira constatação, uma comparação desastrosa, que fez o Adhemar sorrir de nervoso. Aprendi que associações com outras frutas, seja no formato, seja no sabor, podem dificultar seu fortalecimento no consumo popular. Enquanto houver comparações, a fruta não ganhará força para vencer as barreiras comerciais — afinal, ninguém compara o sabor da banana, por exemplo, com outra fruta!

Apesar de parecer uma carambola (desculpe, Adhemar), o fruto, popularmente chamado de "pitangão", se aproxima de uma pitanga (sua prima mais próxima da família *Myrtacea*) gigante, de polpa bem carnuda, suculenta, bastante perfumada e agridoce. Durante seu processo de amadurecimento, evolui de uma coloração verde a um amarelo vivo, tornando-se mais adocicada.

Com a pitangatuba se faz tudo. Por aqui virou geleia, para que possa ser consumida o ano inteiro, já que a pitangatuba é colhida apenas de novembro a janeiro e seu transporte é muito delicado. Também pode virar calda para acompanhar o manjar.

É uma fruta de potencial gastronômico imenso, mas ameaçada de extinção por conta da redução das áreas de restinga. Sorte a nossa termos profissionais como o Adhemar para propagar a pitangatuba e o conhecimento sobre ela!

6

JUÁ

Um ingrediente sempre vem carregado de história. Vem carregado de conhecimentos sobre geografia, antropologia, religião, música... Muito mais que um alimento para nutrir nosso corpo, um fruto como o juá, por exemplo, é cultura para nutrir a nossa alma!

Já cantava Luiz Gonzaga: "Juazeiro, não te alembra/ Quando o nosso amor nasceu?/ Toda tarde à tua sombra/ conversava ela e eu", enaltecendo a árvore mais querida do sertão nordestino, típica da caatinga (apesar de crescer também no cerrado), que, mesmo no período mais seco do ano, mantém as folhas na copa. Vem daí a lembrança do sertanejo, da sombra que a planta faz para ele e seus animais durante todo o ano.

Alimento preferido das cabras, que do juazeiro comem até as folhas, o fruto é pequeno, de casca amarelada e polpa branca muito doce. Quando maduro é rico em vitamina C, mas só quando ingerido in natura.

Por ser uma fruta típica do agreste, ela é raríssima em outras regiões do Brasil. Por esse motivo, grande parte da população talvez só a conheça por causa da canção de Alceu Valença:

Da manga rosa
Quero o gosto e o sumo
Melão maduro, sapoti, juá
Jabuticaba, teu olhar noturno
Beijo travoso de umbu-cajá

7

SAPOTI

O sapoti (também chamado de sapota ou saputá) é uma fruta tropical que se adapta muito bem à seca. Do tamanho de uma laranja e com a casca marrom, sua polpa cremosa, suculenta, doce e aromática lembra o caqui, com um quê de chocolate. Mas, quando a fruta está verde, sua textura é firme e seu sabor não é tão agradável. Entendo que é complicado descobrir o amadurecimento perfeito de uma fruta desconhecida. Se pararmos para pensar, ninguém come mamão verde (a não ser para fazer doce) ou um morango que não esteja vermelhinho. Entretanto, descobrir o ponto do sapoti pode não ser tão simples assim.

O Norte e o Nordeste — sobretudo os estados de Pernambuco, da Paraíba e do Rio Grande do Norte — são os produtores nacionais, já que têm clima tropical, quente e úmido, favorável ao crescimento da fruta. Ainda que seja originário da América Central, o sapoti foi disseminado para outros países, e aqui se tornou fruto regional. De tão amado, muita gente acha que é endêmico do Brasil, mas algo que aprendi com alguns produtores rurais é que, se o produto é economicamente viável e especialmente bem-aceito, não importa de onde vem e não há por que desconsiderá-lo como um ingrediente importante!

Com o sapoti se faz um licor muito perfumado, que fica maravilhoso como sorvete, mas o fato mais curioso a respeito da fruta — que foi trazida ao Brasil pelos portugueses e virou inclusive tema de samba-enredo — é que seu látex já serviu como base para o chiclete de tutti-frutti. Hoje, no entanto, a goma de mascar é produzida através de resina sintética.

QUANDO TIRAR O SAPOTI DO PÉ?

Os frutos devem ser colhidos "de vez" (ou seja, quando estão perto de amadurecer, mas ainda verdes), já que não amadurecem por completo na planta. Por serem climatéricos, só atingem a maturação naturalmente, depois de serem colhidos. Mas quando essa colheita deve ser feita?

Se você passar a unha pelo fruto e cortar de leve a casca fina, um verde intenso se revelará. (Claro que ninguém deve sair machucando a fruta para saber o ponto de maturação em que se encontra. A solução é observar!) O sapoti pode ser colhido quando sua casca estiver esbranquiçada. Depois de quatro a cinco dias, se você passar a mão pela pele do sapoti e sentir que ele solta um pozinho, ou se passar a unha pela casca e encontrar, em vez de um verde vivo, uma cor levemente amarelada ou acastanhada, isso indica que a fruta está no ponto ideal para ser saboreada. É nesse ponto que o sapoti está doce, embora com um toque adstringente.

Por ser um fruto muito perecível em condições naturais, sua conservação depois da colheita é um desafio — uma vez atingido o ponto ideal de consumo, o fruto apodrece depressa.

8
BUTIÁ

Para os gaúchos, talvez essa fruta não seja uma surpresa. Mas, para o resto do país, ela é um tanto desconhecida. Quando fui convidada para participar de um grande evento em Porto Alegre, quis logo desenvolver uma sobremesa com butiá. Para mim, a oportunidade de usar uma fruta nativa do Sul era muito animadora!

Para levar algo novo para o público do evento, resolvi preparar um sorvete de butiá com bergamota — pois bem, sei que os gaúchos adoram lagartear ao sol comendo uma berga! O.k., talvez ali não tivesse nada de novo (exceto para mim!). Mesmo assim, o resultado foi lindo. Fiquei extremamente satisfeita com a sobremesa e animada por ter criado algo diferente com a fruta, que também é conhecida como coqueiro-azedo ou coco-cabeçudo.

A área de cultivo do butiá vai de Laguna, em Santa Catarina (quem nunca tomou um picolé de butiá na praia?), até Torres, no Rio Grande do Sul, e a safra, que vai de novembro a março, apresenta frutos fibrosos, amarelos ou alaranjados, doces ou amargos, suaves ou ácidos. Existem os de caroço solto, com tamanhos variados, que dependem da região. Em Porto Alegre, onde tive minha primeira experiência com a fruta, são pequeninos e menos ácidos. Já os que comprei na estrada eram ácidos e muito perfumados. Complexo, né? Por esse motivo já encontrei muita gente que reclama do sabor do butiá. É preciso ser investigativo e conhecer as frutas da região para eleger a sua preferida.

Para provar o butiá no máximo de sua suculência, bem perfumado, com sabor doce, levemente azedinho, a colheita deve ser realizada quando o fruto começar a mudar de cor (de verde para amarelo) e se soltar do cacho.

Da polpa é possível fazer uma série de preparações, como um licor delicioso. A geleia, apesar de ser o preparo mais corriqueiro para frutas, fica incrível quando equilibrada com sabores mais ácidos — por exemplo, um pouco de casca de laranja e um tiquinho de polpa de maracujá doce. Para o preparo do sorvete, a polpa deve ser processada e então passada por peneira para retirar as fibras e a pele. Desse suco — tomado geladinho, puro — é possível preparar cremes e musses, além de ser delicioso em drinques. O caroço esconde uma amêndoa cremosa e docinha, que pode ser utilizada moída para fazer biscoitos e bases de tortas ou então caramelizada. Para abri-lo, basta secar o coquinho ao sol e então, com algumas marteladas, libertar a amêndoa!

As etnias indígenas do Sul, aliás, não desperdiçam nada do butiá. As folhas, depois de trançadas, servem como cobertura para as casas e também para artesanato (bolsas, chapéus, cestos...). No início do século xx, a fibra extraída dessa palmeira — conhecida como "crina vegetal" — era utilizada no estofamento de colchões e móveis, tendo sido uma matéria-prima importante para o desenvolvimento econômico de algumas localidades do Rio Grande do Sul.

No passado, os butiazais eram muito mais comuns nas paisagens dos pampas. Além dos butiazeiros, esses ecossistemas abrigam uma enorme diversidade de plantas e animais, uma vez que o butiá é um recurso alimentar de grande valor para a fauna nativa, como saracuras e jacus. Esses animais, considerados os verdadeiros guardiões dos butiazais, são responsáveis por semear novas plantas, mas hoje estão ameaçados de extinção. Por esse motivo, a regeneração das palmeiras é insuficiente, já que há escassez de mudas e plantas jovens entre os butiazeiros centenários.

Resta às pessoas que compram os butiás de extrativistas na beira da estrada o papel de dispersão da fruta: ao consumi-la em seus carros, atiram o caroço pela janela e, sem saber, ao longo da rodovia, multiplicam os butiazeiros! E não é que, literalmente, "me caiu os butiá do bolso"?*

---

* Essa frase regionalista, utilizada para demonstrar espanto, está ligada ao tamanho diminuto das frutas (pouco maiores que uma bola de gude): quando transportadas no bolso largo das bombachas, correm o risco de cair caso a pessoa que as carrega se assuste!

9

UMBU

O umbu (também chamado de imbu, ambu ou giqui) é um fruto nativo da região semiárida do Nordeste — mas que floresce também na caatinga, do Ceará até no norte de Minas Gerais —, cultivado domesticamente em pomares e colhido manualmente. A safra, que vai de janeiro a abril, rende frutos de polpa suculenta, sem fibras, ricos em vitamina C, com um sabor doce ligeiramente ácido (mas muito agradável) e muito aromáticos. Podem ser consumidos in natura, mas também em sucos, sorvetes e na umbuzada — bebida típica preparada com uma mistura da fruta cozida, leite e açúcar.

Com nome de origem tupi, não deve ser confundido com o umbu-cajá (planta que resulta do cruzamento natural do umbu e do cajá). Apesar dessa semelhança, são diferentes em sabor e formato: o umbu é redondo, com casca verde (ou amarela quando maduro), polpa macia e pode ter tamanhos variados.

Chamada de "árvore sagrada do sertão" por Euclides da Cunha, o umbuzeiro vive mais ou menos cem anos. Sua raiz produz grandes tubérculos capazes de armazenar até 3 mil litros de água durante a estação de chuvas, de modo que pode resistir a longos períodos de seca, servindo inclusive como alimento. Além do fruto e das raízes, as folhas, com sabor levemente azedo, possuem grande valor nutricional.

Em São Paulo, gosto de comprar umbu com os vendedores que armam suas barraquinhas na rua, no centro da cidade. Infelizmente, é difícil de ser encontrado em mercados, hortifrútis e feiras — não me pergunte por quê!

Na minha cozinha, gosto de usar o suco — que se transforma em gel com um pouco de ágar-ágar — como ponto de acidez em sobremesas empratadas. Além disso, do umbu fermentado se faz vinagre, ingrediente fabuloso para a confeitaria! Feito de forma artesanal, no fogão a lenha, é cozido por bastante tempo sob a fumaça das madeiras da caatinga, o que lhe confere um aroma bem peculiar e leve sabor defumado. Apesar de ácido, é naturalmente adocicado.

Só tem acesso ao vinagre de umbu quem vai direto à fonte, já que a produção é caseira e destinada ao consumo familiar, e toda vez que vejo pessoas usando aceto balsâmico aqui no Brasil sinto por estarmos perdendo a oportunidade de conhecer um ingrediente nosso, tão especial quanto o vinagre italiano.

O reconhecimento é fator determinante para manter viva essa iguaria, que também sofre risco de extinção. A caprinovinocultura, principal fonte de renda das famílias da caatinga, impede que os pés de umbuzeiro nasçam de maneira espontânea. Por mais que existam projetos que beneficiem o umbu, sem o apoio da população e a divulgação da fruta, quem sabe quanto tempo as árvores resistirão?

10

JENIPAPO

Um dia, caminhando pela feira, encontrei jenipapos lindos e firmes. Sem pensar duas vezes, comprei e corri para casa animada para testá-los. Na época, eu fazia parte de um grupo de pesquisa sobre as frutas nativas, então o meu radar estava ligado para encontrar qualquer fruta desconhecida.

Com uma faca, cortei a fruta, que, inodora, escondia um sabor nada agradável — amargo que só! Fiquei decepcionada, mas não desisti: resolvi colocar no liquidificador com ovos, açúcar e farinha. A massa, de cor cinza, me deixou extremamente sem expectativas, mas, para a minha surpresa, o bolo, que prometia ser um desastre, saiu do forno azul. Azul mesmo! Um índigo lindo, potente e brilhante. Inacreditável!

O sabor era doce, de bolo mesmo, e em nada lembrava o jenipapo verde e amargo. Aliás, o amargor simplesmente desapareceu! Fiquei encafifada, e logo me lembrei do azul-marinho, um prato caiçara feito com banana verde. Jenipapo verde, banana verde... aí tinha coisa! Fui pesquisar para descobrir mais.

Foi então que descobri que o jenipapo colhido verde não serve para quase nada — nem para amadurecer direito, porque antes de ficar doce e saborosa a fruta apodrece. Sou prova viva de quanto jenipapo foi direto para o lixo! Cheguei à conclusão de que o jenipapo é vendido verde nos mercados e feiras porque a fruta madura é feia, enrugada, parece estragada, mesmo que muito saborosa. Quando madura, serve para produzir doces deliciosos! Da sua polpa se faz a jenipapada, uma balinha redonda, doce e bem gostosa, servida em festas típicas de algumas regiões do Nordeste. Entretanto, desavisados que compram o fruto verde se decepcionam, e, na única oportunidade de conquistar o consumidor, perdemos a chance de propagar o uso do jenipapo.

O fruto verde, amargo e sem aroma, só serve como corante. Esse papel é desempenhado pela genipina, substância incolor que, em contato com proteína, oxigênio e calor, forma o geniposídeo, um pigmento que vai do violeta ao azul-escuro, tornando-se preto em contato com o ar. A cor varia de acordo com o pH do meio, a temperatura empregada e a presença de proteína e de aminoácidos que se ligam à genipina — quanto mais proteína e mais calor, mais intensa!

Para ter o corante natural o ano todo é preciso bater o fruto verde, recém-colhido, com água e congelar. Logo que o jenipapo é arrancado do pé a genipina vai diminuindo, então não se assuste se o fruto comprado na feira não funcionar! A polpa verde deve ser usada com parcimônia, porque em excesso deixa os doces pretos e amargos. Para um bolo feito com dois ovos, usei menos de dez gramas de jenipapo verde — ou seja, rende que é uma beleza!

Apesar da minha grande surpresa ao achar que havia descoberto a nova fórmula da relatividade gastronômica para confeitos azuis, na verdade essa é uma sabedoria popular brasileira antiga que eu desconhecia. Nativo da Amazônia e da Mata Atlântica e presente em diversos biomas, desde o Sudeste até o Norte, o jenipapo era e ainda é utilizado por diversas culturas indígenas em grafismos corporais e artesanato.

Sei que azul não é a cor mais atrativa para um alimento, mas, num momento em que se tem buscado fontes mais naturais para pigmentos — especialmente por parte da indústria —, o azul do jenipapo verde precisa ser mais explorado! Que tal começar na sua casa?

FARINHAS E CEREAIS

(e um capítulo dedicado só ao milho!)

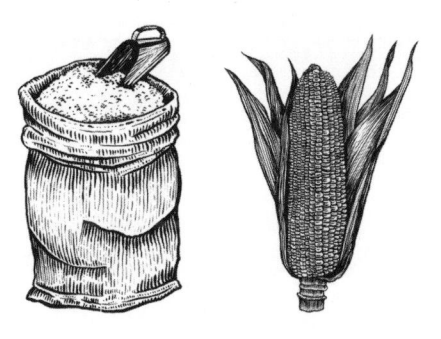

Nem só de farinha de trigo é feita a confeitaria. Aliás, temos um longo caminho pela frente para explorarmos farinhas diferentes para produzir novos doces. No Brasil, existem em abundância, encontradas de norte a sul do país!

A farinha de Bragança e a de copioba, por exemplo, são muitíssimo saborosas e amplamente utilizadas em pratos salgados. Seu uso é raro na confeitaria, embora sejam um prato cheio para a criatividade do confeiteiro!

Aqui, o fubá, nosso velho conhecido, abre espaço para uma série de novos ingredientes, que vão revolucionar a produção dos seus doces!

MILHO

Quando penso em milho, é inevitável não pensar em festa junina: seja no curau do Sudeste, seja na canjica bem cremosa do Nordeste, coberta com uma nuvem de canela! Tem também pipoca, bolo de fubá e broinha. Minha mente de confeiteira vai além e pensa na farinha de milho flocada saindo da chapa, fresquinha e crocante, e também no fubá de milho crioulo, no fubá de canjica branca, na quirera estourada como se fosse uma micropipoca.

Milho tem o ano todo, eu sei. Mas junho é quando você vai encontrá-lo mais doce, molinho, perfeito para devorar direto da espiga. Oficialmente, o milho tem duas safras anuais, e uma delas, como não poderia deixar de ser, é justamente no mês de são João, que vem carregado de broa, acaçá e pamonha! De legume sazonal, depois de seco torna-se cereal para o ano inteiro e vira fubá, fuba, beiju e sêmola.

São vários os doces feitos com milho, e cada um leva um tipo de farinha. Será que você sabe me dizer a diferença de uma para outra? Do fubá mimoso para o fubá de canjica? Se são todas farinhas feitas de milho, o que as diferencia? Além delas, o milho ainda é abundante em diversas formas: amido, xarope, canjicas...

Se for tratado como legume, enquanto ainda está verde, há muitas possibilidades de receitas — do curau ao bolo —, porém sua temporada é rápida. Não há tempo a perder! Se seco, como o cereal, é possível, em qualquer cozinha, produzir a farinha de milho, o fubá, a quirera...

Com a industrialização, a sabedoria de enxergar o milho além da espiga se perdeu. Quantas vezes não dei aula sobre fubá e, entre os estudantes, alguém se surpreendeu ao descobrir que fubá é feito de milho. Parece absurdo, mas é real: estamos perdendo a intimidade com esse alimento tão tradicional.

I

FUBA

Antes que você ache que faltou um acento ali na página anterior, já esclareço que fuba não é o mesmo que fubá!

A fuba — palavra que vem do quimbundo e significa "farinha" —, também chamada de farinha de pipoca, é feita com milho maduro, seco, torrado (semiestourado, como nosso conhecido piruá) e depois moído.

Fui apresentada à fuba pelas mãos de uma querida amiga cearense que tive o privilégio de conhecer nos encontros que o destino nos reserva. Na verdade, um pouco antes de a Rafa surgir na minha vida, já tinha provado a farinha, misturada em um tanto de leite adoçado com rapadura raladinha. Como a maioria das pessoas, não dei muita atenção — nem sequer cheguei a pensar nela como ingrediente.

Foi então que um dia, preparando uma aula sobre bolo de fubá, me lembrei da fuba e resolvi, por curiosidade, utilizá-la em um bolo. O resultado não poderia ter ficado mais divino!

A origem da fuba é incerta, mas é certo que não é exclusividade brasileira. No México, por exemplo, o *pinole* (ou *pinolli*, como é conhecido em náuatle) — uma farinha de milho tostada e moída, comida pura ou usada como base para bebidas, como o *atole de pinole* — foi um elemento importante para a nutrição dos povos mesoamericanos e hoje é considerado um alimento bastante tradicional.

Para fazer o *pinolli* é preciso ter um *comal*, um *metate* (ou *metlatl*) e manipular um *metlapilli* com precisão, garantindo uma farinha tão fininha que é impossível assoviar e comer ao mesmo tempo! É diferente da fuba encontrada no Brasil, que é feita no pilão e tem uma textura mais grosseira.

Por aqui é um ingrediente bem desconhecido, que corre o risco de cair no esquecimento. Ainda é possível encontrar pequenos produtores artesanais vendendo a fuba, mas, se quiser, você pode produzir a sua própria farinha:

- Aqueça bem uma panela — se quiser fazer como manda a tradição, use uma panela de barro ou uma aribé (também conhecida como caco), que é uma frigideira de barro bem rasa, quase parecida com um prato — e torre um punhado de milho seco. Adapte a quantidade para o tamanho da sua panela e para a porção de farinha que deseja fazer, mas o importante é que o milho ocupe uma camada fina do fundo da panela.
- Você só precisa dourar o milho, em fogo baixo, sem torrar. Alguns grãos vão estourar e outros vão virar piruá, mas o procedimento é apenas dourar e tirar do fogo. O grão vai perder aquele laranja vivo e adquirir um dourado brilhante, até que passa para uma cor mais puxada para o marrom. Esse é o ponto! Se não tirar do fogo, vira pipoca.
- Em um processador, liquidificador, pilão, moedor ou *metlatl*, se tiver a sorte de ter uma em casa, moa os grãos ainda quentes (se esfriarem, fica mais difícil processar). Você pode controlar a textura da sua farinha, deixando-a mais grossa ou mais fina — de acordo com o uso que for

dar a ela. Se quiser, depois de triturar os grãos, passe por uma peneira para afiná-la ainda mais!
- Espere a farinha esfriar e então guarde em um recipiente de vidro.

É possível comer a fuba pura, como uma farofinha doce misturada com um pouco de açúcar e canela (se você processar com o milho ainda quente, para que a mistura fique mais homogênea, terá o pixé cuiabano). Adicionando um pouco de amendoim triturado, obtém-se a paçoca; misturando em uma tigelinha com um pouco de mel de engenho, pode ser usada no preparo de bolos, biscoitos e bebidas das mais diversas — adicionada ao leite quente, com um pouco de cacau e algumas especiarias, torna-se uma bebida nutritiva e reconfortante para o inverno!

Nunca soube de pratos salgados que levassem fuba, mas não vejo empecilhos. Aliás, para mim, ela é uma rica substituição à farinha de mandioca em qualquer preparação. Para dietas vegetarianas, a fim de se obter uma proteína de alta qualidade, combine a fuba com alguma leguminosa, como farinha de fava, grão-de-bico ou feijão.

2

PIXÉ

Tradicional de Mato Grosso, o pixé é a paçoca doce cuiabana. Feito com milho torrado bem socadinho no pilão (a fuba), açúcar e canela, costuma ser servido em cones de papel. Sua importância é tanta que o poeta Moisés Martins o transformou num poema, que, musicado no ritmo do rasqueado cuiabano, virou hino cultural de Cuiabá. Aliás, nascer na capital mato-grossense é crescer com a boca suja de pixé!

A bem da verdade, o pixé é um doce, mas para mim funciona como ingrediente (que costumo chamar de "farinha de pixé"): adoro misturar no leite e comer como mingau, servir com sorvete, usar na finalização de bolos ou até mesmo na massa de biscoitos e na base de tortas. A mistura dos sabores do milho e da canela também serve como inspiração para criar diversos outros doces (quem será que veio primeiro, o curau ou o pixé?).

Sou purista, e, para mim, pixé só vale se for feito em Cuiabá e com milho crioulo. Mas, se quiser prepará-lo, toste o milho na panela com um pouco de gordura — molhando com água para que a pipoca não estoure —, passe no pilão e misture com açúcar e canela.

O charme do pixé é comer em um cone de papel — em qualquer outro recipiente vira tudo, menos pixé!

3

FARINHA DE MILHO FLOCADA

Farinha de milho não é tudo igual. Ela começa na terra, com o milho no pé, que deve ter cor intensa e ser colhido apenas depois de seco — produtores mais apressados o colhem ainda verde e secam os grãos em um secador, o que deixa a farinha menos saborosa.

Depois de passado no monjolo para a extração do gérmen, o milho é triturado em moinho de pedra, e a farinha formada deve ser hidratada por vários dias em um tanque de água, até amolecer e fermentar. Só então é moída novamente e peneirada sobre uma chapa de ferro aquecida a lenha, onde se formam grandes escamas de biju. Um processo lindo de ver!

A farinha — que para mim tem sabor da raspa da panela de polenta — é muito utilizada na cozinha salgada e protagoniza o cuscuz paulista. Nas minhas mãos, se torna massa de torta para ser recheada com um creme de batata-doce e, hidratada no leite, vira sorvete! Além disso, gosto de polvilhar açúcar e levar ao forno, até caramelizar, deixando o biju com cor de ouro! Essa farinha dourada e adocicada pode se transformar até em bolo — basta juntar ovos, óleo, açúcar e fermento!

Sua textura crocante e seu sabor levemente fermentado (que varia de acordo com o tempo da fermentação do milho e com o gosto de cada produtor) fazem dessa farinha um produto único, saboroso, nutritivo e versátil!

CURIOSIDADE

Entre os indígenas brasileiros já havia o hábito de colocar de molho o milho (e a mandioca) em um cesto de água corrente para fermentar e amolecer os grãos e, então, transformá-los em beijus e farinha usando urupemas (peneiras) de diferentes tramas.

A difusão da técnica se intensificou com a exploração e a ocupação do território pelos bandeirantes, que transformaram a farinha em produto essencial para a alimentação.

Defender a farinha de milho tradicional é valorizar um alimento importante para a cultura rural do Sudeste brasileiro e manter vivos na memória utensílios e técnicas que compõem a cultura material e imaterial do nosso povo.

4

FUBÁ

De origem quimbunda, "fubá", assim como "fuba", é o mesmo que farinha. No entanto, diferentemente da farinha de milho, o fubá não é feito com o grão hidratado, mas com milho seco moído. Foi a partir do ciclo do ouro que o fubá de milho (afinal, pode ser de arroz também) começou a fazer parte da alimentação brasileira, inicialmente como alimento de tropeiros e viajantes que, por influência dos portugueses, substituíam nos tonéis a farinha de mandioca.

São várias as granulometrias desse ingrediente:

1. Fubá mimoso, com granulometria mínima de 0,2 milímetro.
2. Fubá comum, mais grosso, com granulometria de até 0,2 milímetro.
3. Sêmola, com granulometria de 0,6 a 1,2 milímetro.

Para mim, um bom confeiteiro não é aquele que apenas se dirige ao supermercado mais próximo e se arma de saquinhos, mas sim o que vai atrás dos melhores ingredientes para alcançar o melhor sabor. E para mim isso também vale para quando se pensa num simples bolo de fubá.

Bolo de fubá é minha obsessão. (Se você já leu meu livro *A química dos bolos*, deve saber por quê!) Quando pequena, eu torcia o nariz para bolo feito com milho, cenoura ou qualquer outro ingrediente que, na minha cabeça, deveria ser salgado. Mas um toque de canela me atraiu e arrisquei um pedaço de bolo de fubá, que me conquistou à primeira mordida. Hoje, mesmo tendo encontrado três técnicas para a minha receita ideal de bolo de fubá, depois que descobri o milho crioulo do Lucas Souza meus bolos foram para outro patamar!

5

FUBÁ BRANCO

Colhido antes de estar maduro, o milho branco tem sabor mais delicado, por ter em sua composição mais açúcar que amido.

Esse é um ingrediente que só pode ser encontrado se a relação entre produtor e consumidor se tornar mais próxima. Meu primeiro contato, por exemplo, foi com um produtor de Minas Gerais, que hoje, em razão da baixa procura, deixou de produzir o fubá branco. Então eu, que sou apaixonada por esse ingrediente, preciso caçá-lo pelo interior como uma detetive. E, quando o encontro, é sempre em pequena quantidade.

Já me convenci de que o jeito é produzir pequenas quantidades de um doce muito especial e tentar, com isso, trazer de volta o interesse por esse alimento tão rico gastronomicamente.

Com o fubá de milho branco faço broinhas delicadas, biscoitos, polenta para servir com pera cozida em vinho branco, massas de torta e até pão! Dá ainda um mundo de possibilidades para produtos de sabor mais delicado, como os *scones*, que, apesar de ingleses, nasceram para o fubá de milho branco servido com geleia de goiaba também branca!

6

MILHO CRIOULO

As sementes crioulas como as do Lucas Souza são as que se adaptaram melhor às condições de clima e solo específicas de cada região do Brasil. Elas carregam o conhecimento e a história de quem coloca a mão na terra e sabe reconhecer o alimento, além de terem uma estrutura molecular única, resultado de anos de adaptação. E mais: dão, ainda, autonomia para o produtor, que não depende de sementes comerciais híbridas ou transgênicas e pode investir em técnicas agroecológicas.

Além de toda a importância histórica que carregam, as sementes crioulas garantem a preservação da biodiversidade. Os agricultores levaram anos e anos para selecionar as mais produtivas, que se adaptavam melhor à estiagem e produziam um alimento mais saboroso. Entretanto, muitos fatores colocam essas sementes em risco de extinção — em especial a falta de informação e o desconhecimento do público.

Utilizar fubá de milho crioulo nas suas receitas não só deixa seu bolo mais saboroso como também faz dele uma fatia fofinha de história, resistência e diversidade!

Nos meus bolos, em particular, tenho utilizado o fubá de milho vermelho crioulo, que confere cor e um toque enigmático para as pessoas que eu quero educar por meio dos meus doces. A cada entrega uma história é contada, um consumidor é educado, e, dessa maneira, meu trabalho na confeitaria, assim como o do Lucas, auxilia na preservação de um ingrediente tão importante.

7

FUBÁ DE CANJICA

A diferença entre o fubá mimoso, o comum e o fubá de canjica não está apenas na granulometria. Mais claro que os outros tipos, uma vez que é feito do olho do milho — a parte branca que existe no interior do grão, cujo teor de amido é maior —, o fubá de canjica deixa os bolos de fubá muito mais macios e é o grande segredo para fazer broinhas com casca craquelada e miolo úmido e saboroso!

Com textura fina como talco e sabor mais delicado, por alguma razão ainda é visto como um ingrediente inusitado em algumas partes do país. Já em Minas Gerais, pode ser encontrado a cada esquina. Eu o conheci em Itabirito, durante as viagens pelo *Doce Brasil*, e confesso que comprei mais pela graça de fazer um bolo de fubá branco e surpreender os desavisados. No fim, mal sabia que tinha em mãos uma iguaria caipira, coisa da roça, exclusiva!

8

FUBÁ DE MILHO DE MONJOLO
(OU BIJUSADA)

Espécie de pilão gigante, o monjolo, instrumento rudimentar utilizado para descascar, triturar e amassar grãos e cereais através da energia da água, foi trazido ao Brasil pelos portugueses. Formada por uma gangorra de madeira, a máquina tem, em uma das extremidades, uma estaca para pilar e, na outra, um cocho que acumula água. Quando o reservatório fica cheio, o pilão sobe, derrama a água e faz com que o movimento se inverta, moendo o conteúdo colocado na cuia.

As famílias rurais utilizavam o monjolo para diversos fins: triturar sementes, moer café, descascar arroz, preparar paçoca, canjica, fubá e farinha de milho, entre outras coisas. A farinha resultante do monjolo é rústica, de textura mais grossa, o que não deixa de ser um grande diferencial nos pratos em que é utilizada! Se peneirada, vira canjicão, canjica, canjiquinha e até o fubá que, levado para o tacho na lenha, origina o beiju e se transforma em farinha de milho flocada.

O trabalho de produzir essas farinhas no monjolo é hercúleo, daí a origem da expressão: "Trabalhar de graça, só monjolo".

DICA

Os moinhos d'água são imprescindíveis para um bom fubá. Como são instrumentos que trabalham lentamente, o fubá não esquenta, então não amarga. Por isso, se você quiser melhorar seu bolo de fubá, já sabe qual produto procurar — ou, na melhor das hipóteses, como fazer seu próprio fubá!

OUTRAS

9

FARINHA DE ARARUTA

Eu amo feira livre. Sempre amei. Quando pequena, lembro-me de já acompanhar meu pai na busca por frutas e verduras. Em uma dessas visitas, recordo ter visto uma menininha comendo tomate da mesma forma como eu comia uma maçã. Aquele estranhamento gerou dias e dias de reflexão: tomate sem sal e azeite? Quando eu, nessa idade, poderia imaginar que, muitos anos depois, estaria na minha cozinha desenvolvendo uma sobremesa com a fruta?

Hoje são essas lembranças que me fazem ir à feira toda semana. Agora, adulta, prefiro frequentar feiras orgânicas por diversas razões, e talvez a principal delas seja a variedade de alimentos. Ir a uma feira orgânica é entender um pouco mais sobre a natureza — afinal, a cada semana um produto novo surge, ao passo que outro sai de safra. Nem sempre tem mamão (às vezes nem alface!), mas a cada visita conheço um ingrediente diferente.

Em uma dessas andanças, enquanto me dirigia ao final da feira com todas as minhas compras já feitas, estava observando as barracas. Sempre gosto de dar aquela última olhada, com calma, depois da obrigação cumprida! Foi nessa espiada derradeira que me surpreendi com algo novo: meus olhos foram direto para uma cesta cheia de rizomas.

Ao me aproximar da banca, nem precisei questionar. O produtor, já adiantado, me disse: "Você é a primeira pessoa que se aproxima dessa cesta hoje. Sabe o que é?". Eu, sorrindo, respondi: "Araruta?".

Ele sorriu e me estendeu a cestinha. Logo engatei a pergunta: "Você tem a fécula?". Sua resposta, desanimada, foi negativa. Disse que tinha pensado em produzir, mas que o produto não vendia, então não valia o esforço.

Comprei asararutas e voltei para casa sem saber muito bem o que fazer com elas. O jeito foi ralar, extrair o amido e secar no forno. O trabalho rendeu biscoitos mais delicados, que esfarelam suavemente na boca, nada parecidos com os que faço com amido de milho ou batata.

A araruta é um rizoma nativo da América do Sul do qual se faz uma farinha muito fina, branca e delicada, utilizada para preparar bolos, biscoitos e uma brevidade que você nunca viu igual! Além disso, a farinha, branquinha e fina, não contém glúten e é de fácil digestão.

O mais impressionante é que existem registros de que a araruta é cultivada há 7 mil anos. No Brasil, os indígenas já a consumiam, mas a competição com outras farinhas produzidas industrialmente resultou numa redução no cultivo e no seu quase desaparecimento.

10

FARINHA DE MANDIOCA COPIOBA

Produzida no vale do Copioba, na região do Recôncavo Baiano, as principais características dessa farinha são a crocância, a coloração amarelada e seu sabor característico. É bem fininha e não contém nenhuma acidez, em razão de seu método de produção.

O que torna essa farinha especial é que a mandioca utilizada nela precisa ter sido plantada cerca de um ano e meio antes. Depois de colhida, é descascada, ralada e prensada no mesmo dia, pois não pode fermentar. Por fim, é torrada até ficar bem crocante e levemente amarelada. Esse processo rápido é o que garante suas características e a torna tão especial.

Há muitos usos para essa farinha na cozinha salgada. Na confeitaria, dá textura a bolos e biscoitos e é o ingrediente principal para fazer paçoca. Se ela aparecer na minha frente, com castanha-de-caju torrada e moída e um toque de açúcar, eu juro que como tudo!

II

FARINHA DE BABAÇU

O babaçu é uma palmeira que cresce em abundância no Nordeste e produz um coco pequeno, que pode ser envolvido com a mão. Os cachos da planta são lindos, e mais belo ainda é o trabalho das quebradeiras, que apoiam um machadinho com os pés, encaixam o coco na lâmina e, com a ajuda de um pedaço de pau, socam o coco até quebrar.

Desse coco aproveita-se tudo! Com a castanha faz-se o óleo muito utilizado em cosméticos e também na cozinha. Do mesocarpo — que sempre foi utilizado como fonte de alimento por indígenas e ribeirinhos, tal qual um mingau —, depois de seco, produz-se a farinha, rica em amido (portanto ótima para as preparações que utilizam amido de milho). Do endocarpo se faz carvão; do caule, palmito; e, da seiva, vinho!

A farinha, de cor acastanhada, tem sabor neutro, é espessante, confere cremosidade e volume e nutre muito mais que o amido. No entanto, não é gostosa se ingerida crua — trata-se de um ingrediente para ser transformado e adicionado em outras preparações. Se ninguém come amido cru, por que comer o babaçu?

A produção desse ingrediente está concentrada no sul do Maranhão, no norte de Tocantins e no Pará e é fonte de renda de muitas famílias; por isso, o incentivo ao uso do babaçu é uma maneira de apoiar essas economias locais e contribuir para a manutenção da floresta.

PARA ADOÇAR

O ser humano sempre teve preferência inata por doces. Quando éramos apenas caçadores-coletores perdidos em terras vastas, em busca de nosso próprio alimento, a escassez criava a necessidade de encontrar opções que garantissem reservas energéticas, com uma quantidade grande de açúcares.

Mas, quando o assunto é doce, muitas vezes só pensamos em sobremesas, esquecendo-nos de que ele é um sabor. Com isso em mente, existe uma infinidade de alimentos nos quais podemos perceber um toque adocicado: mariscos, pescados, verduras (por meio da inulina), frutas, carnes e um grande et cetera.

Doce, portanto, não é sinônimo de açúcar. Mas por que então esse carboidrato simples se tornou a base da nossa dieta? Na Antiguidade clássica, o açúcar era considerado uma especiaria com propriedades medicinais, e seguiu ligado a esses valores durante a Idade Média. Ao longo do século XVI, ocupou um lugar cada vez mais importante entre os produtos exóticos vendidos nas mercearias — como disse o geógrafo Abraham Ortelius em 1572, "enquanto antigamente o açúcar só se encontrava nas farmácias, que o tinham para os doentes, agora o devoramos por gula. O que antigamente servia como medicina nos serve agora como alimento". No século XVI, quando a indústria de cana-de-açúcar encontrou no Caribe o clima adequado ao cultivo, e devido à grande migração forçada da África em forma de escravidão, sua produção cresceu de forma exponencial e propiciou o aumento da quantidade do ingrediente que chegava à Europa, convertendo-o num produto mais acessível.

Até o século XVI, não havia uma distinção clara entre o mundo doce e o salgado. O açúcar não se reservava exclusivamente aos pratos doces, embora fosse onipresente neles. Foi durante o século XVII que seu consumo deixou de ser extensivo ao longo da refeição e passou a se concentrar ao final dela.

É importante ressaltar que, embora localizada, a quantidade de açúcar ingerida não diminuiu, e segue aumentando a cada século. Nos últimos cem anos, por exemplo, o consumo de açúcar refinado subiu 400%.

Dessa forma, a sobremesa — ideia bastante inovadora para a época, que teve apoiadores e opositores — passou a ser uma obrigação: toda refeição deveria terminar com um prato de doce.

Com reflexão e respeito, é preciso questionar, por meio de um exercício de autoconhecimento, os caminhos trilhados pela confeitaria, para que sigamos avançando nesse tema.

Será que só de açúcar se constrói o sabor doce?

I

MEL DE CACAU

Não é mel — ao menos não como o que conhecemos, produzido por abelhas. Está longe de ter a viscosidade deste e não apresenta nenhuma semelhança com o chocolate, o produto mais conhecido do cacau.

É doce, muito doce, e tão refrescante e delicioso quanto uma água de coco geladinha. Na verdade, o mel de cacau é quase como o suco feito com a polpa branca que envolve as amêndoas do fruto, só que em início de fermentação, com todo o açúcar contido na polpa, resultando em um sabor doce bem intenso com uma acidez delicada.

Logo depois da colheita e da quebra do cacau, as sementes são colocadas para fermentar em caixas prensas (caixas de madeira furadas), por onde escoa uma mistura do suco da polpa com um pouco do fermentado formado, o mel do cacau.

Historicamente, essa iguaria era produzida em grandes plantações, no meio da mata. As sementes, envolvidas pela polpa e depois protegidas por folhas de bananeira, eram jogadas no chão, em terreno inclinado, por onde o néctar escorria naturalmente. Por conta do calor da mata, o suco fermentava depressa. O mel era, então, restrito ao consumo nas fazendas ou, na pior das hipóteses, descartado.

Hoje algumas empresas já processam esse mel a frio, através de prensa mecânica, engarrafam, congelam e enviam para outros estados do Brasil.

É consumido como bebida natural, mas também pode ser usado na criação de drinques e funciona como ótimo substituto do açúcar em algumas preparações — geleia e licor, para citar as mais comuns.

2

GARAPA

Se você ama feira livre, deve ser fã de pastel com garapa, o caldo esverdeado de sabor doce extraído da moagem da cana-de-açúcar. Com um pouco de limão, fica perfeita! É da garapa que se obtém o melado, a rapadura, o mel de furo, o açúcar mascavo, a cachaça e o açúcar refinado em seus diversos estágios de refino.

A cana-de-açúcar foi introduzida na capitania de São Vicente em 1532 pelo governador-geral Martim Afonso de Souza, por ordem do rei d. Manuel. Tornou-se a primeira atividade agrícola do país, mas foi no Nordeste com clima favorável e solo fértil que a lavoura de cana se expandiu com sucesso.

Para os confeiteiros que buscam novas fontes para adoçar suas receitas, a garapa é uma solução que pode substituir o açúcar refinado e líquidos em bolos, por exemplo.

3

MEL DE ENGENHO

O mel de engenho é a fase de fabricação do açúcar imediatamente anterior à sua cristalização. É, a meu ver, rapadura líquida. Densa, sedutora...

Esse ingrediente também é conhecido como melado de cana, mas acho lindo chamá-lo de mel, assim como o mel do cacau, porque me faz pensar em um líquido denso, brilhante, de sabor intenso, que marca presença! Já "melado" me remete a algo muito grudento e chato.

Misturado com chocolate derretido e alguns ovos, o mel de engenho vira um pudim cremoso e saboroso. Acrescido de leite, vira um doce de leite com sabor complexo e bem diferente. Além disso, é a estrela principal do tradicional bolo de melado, que, servido com uma fatia de queijo ou um pouco de nata, dá uma sobremesa deliciosa!

4

RAPADURA

A rapadura surgiu no século XVI, no Nordeste — onde tem presença forte até hoje —, como solução para o transporte de açúcar em pequenas quantidades, para uso individual, sobrevivência do cangaço, resistindo ao sol, calor e umidade. Densa e doce, é renegada, incompreendida, considerada rude. Deixou de ser produzida por muitos engenhos, mas resiste no Nordeste e em poucos lugares do Sul e do Sudeste. Ainda que seu processo de produção artesanal seja mais barato que o do açúcar, e seus nutrientes, muito mais ricos, os engenhos estão sumindo, abrindo espaço para outros subprodutos da cana, como a cachaça.

Apesar disso, seu potencial gastronômico é gigantesco. Além de adoçar, potencializa outros sabores, tem textura cremosa, possui um sabor complexo (por vezes ácido e até um pouco amargo) e retrogosto longo. Por conta disso, tem aparecido em cardápios de restaurantes estrelados.

A rapadura nada mais é que o melado em estado sólido, resultado do cozimento longo do caldo de cana adulta (que contém mais açúcar). Logo, quanto mais doce e filtrado esse caldo, melhor a qualidade do doce, que também depende da paciência e dedicação dos tacheiros (e dos caldeireiros), que retiram as impurezas do caldo durante a fervura no tacho. Um minuto a mais ou a menos coloca em risco toda a produção. "Uma vez cansados, outras sonolentos e outras alegres mais do que convém", acontece de tacheiros e caldeireiros perderem "uma e outra meladura", escreveu André João Antonil em *Cultura e opulência do Brasil por suas drogas e minas*.

O maior produtor mundial de rapadura é a Colômbia, seguida por Minas Gerais — embora Pernambuco e Ceará estejam entre os principais produtores brasileiros — e depois pela Índia. Está entranhada na América Latina, onde recebe diferentes nomes: *panela* na Colômbia, no Equador e na Guatemala, *piloncillo* no México, *papelón* na Venezuela, *chancaca* no Peru e no Chile, *empanizao* na Bolívia, *tapa de dulce* na Costa Rica e *chancaca* na Argentina. Por esses lugares, os blocos doces de cores variadas são utilizados também em pratos salgados, e, de tão facilmente encontrados, quase não se nota a presença do produto.

A lista de suas utilidades é extensa e varia de acordo com os hábitos culturais de cada região. No Brasil, a rapadura é basicamente utilizada em substituição ao açúcar ou para consumo direto, em lascas, como sobremesa. No Nordeste foi muito utilizada pelos sertanejos, junto com a farinha, para ser consumida no local de trabalho.

A iguaria também pode ser recheada — com castanha-de-caju, coco, amendoim, entre outros. Em Caçapava, no interior de São Paulo, leva farinha de mandioca e gengibre e é também feita com frutas e ervas aromáticas. Em Piranguinho, em Minas Gerais, não existe pé de moleque que não seja feito de rapadura. E, em Belo Horizonte, ganhou charme e virou barrinha.

Dependendo da cana e do grau de apuração, a rapadura pode variar de cor: do caramelo-escuro ao claro — uma nuance linda de ver! A textura, como quase todo mundo conhece, é dura, mas muitas vezes esconde uma maciez que se desmancha na boca.

Em São Paulo, virou quase item de luxo: pagam-se cinco reais por meio quilo do doce, enquanto um quilo do açúcar branquinho não sai por mais de dois reais. Infelizmente, a rapadura precisa reeducar as novas gerações, ensiná-las a comer e a apreciar seu sabor complexo, de roça, antes que desapareça de vez.

NOTA

Era comum misturar a farinha de milho (da página 65) com café e rapadura — ou mesmo água e rapadura — para o desjejum matutino dos trabalhadores rurais.

5

AÇÚCAR PURGADO

O açúcar purgado provém da produção artesanal do açúcar branco.

Durante o século XVII, o açúcar era o principal produto da economia de exportação instaurada pela Coroa no Brasil colonial, para gerar riquezas para a Europa. Rendeu enormes fortunas para os portugueses, permitindo, portanto, consolidar a ocupação da costa brasileira. Daí surgiram, no Nordeste, os engenhos tocados à mão de obra escravizada africana.

Esses locais produziam açúcar mascavo e purgado destinado à exportação, que era colocado em fôrmas cônicas de barro ou metal, com um pequeno furo na base, e deixado de ponta-cabeça, para que o mel da purga (melado) escorresse e fosse utilizado para a produção de cachaça — vendida junto com a rapadura no mercado local.

Assim que todo o melado escoava, dentro de um período que podia durar até um mês, o açúcar era retirado do molde e recebia o nome de "pães de açúcar" — a origem do morro carioca homônimo (nada de pãozinho com açúcar aqui!). Esse torrão de açúcar, bem branco na base, um pouco dourado no meio e bastante escuro na ponta (em razão da presença do melado), era separado em um processo chamado "mascavar" (daí o nome açúcar mascavo), no qual a ponta inferior retornava ao processo de purga, o meio virava açúcar mascavo, considerado de menor qualidade, e a ponta superior era cuidadosamente separada, utilizada como presente. O melado então voltava para o tacho para ser fervido e batido para a produção de alfenim ou destinado à produção de aguardente.

No século XIX, com o desenvolvimento das técnicas de centrifugação, a purga foi abandonada, dando lugar a processos cada vez mais industriais e químicos de refino do açúcar.

Em Jaboticatubas, município de Minas Gerais, o açúcar purgado ainda é produzido. Ele apresenta sabor e características bem especiais, diferentes do açúcar branco industrializado.

O uso? O mesmo que você daria ao açúcar convencional, que sai de um saquinho e é encontrado no supermercado. Entretanto, como o grau de umidade é maior, é preciso trabalhar o açúcar purgado com mais sabedoria, por exemplo, por meio de cocções mais longas ou pelo acréscimo de menos líquidos nas receitas. Afinal, além de adoçar suas sobremesas, você vai valorizar um trabalho até então esquecido no passado.

ESPECIARIAS

De norte a sul do país, nos diferentes biomas brasileiros, existem perfumes no ar.

Quando trabalhei na Espanha, usava uma semente chamada cumaru, que por lá era conhecida como *haba tonka*. Eu insistia: é cumaru. O chef, bravo, dava de ombros. Eu insistia mais ainda: é comida de santo, é cumaru! A semente era utilizada em um prato perfumado com bergamota e limão. Em outro momento, de repente, me deparei com amburana.

Ainda que no Brasil não se ouvisse falar muito dessas especiarias fora da medicina popular e dos banhos de cheiro, elas já estavam bem presentes além-mar.

Quando retornei ao Brasil, passei a caçar os novos ingredientes, e um mundo novo se revelou diante de mim: formatos, aromas, texturas e uma explosão de novos sabores para as minhas sobremesas.

I

SAL MARINHO E FLOR DE SAL

O poder de uma pitada de sal muitas vezes é menosprezado na confeitaria. Chego a pensar que, se a principal preocupação de um doce fosse seu sabor — e não tanto a aparência —, esse ingrediente não seria tão negligenciado assim.

O sal faz com que tudo tenha um gosto melhor, pois sua principal função é ampliar os sabores. E, em qualquer preparo no qual queira realçar um sabor, você precisa dele, mesmo quando o açúcar está presente em maior quantidade. Acredite: um não anula o outro.

A grande questão, especificamente na confeitaria, não é a quantidade, mas o uso; por exemplo, um caramelo simples, feito apenas com açúcar, pode ter seu sabor desenvolvido de várias maneiras: cozinhando mais e variando o grau de caramelização desse açúcar ou adicionando um pouco de gordura, como o creme de leite, ou ainda com uma pitada de sal. De acordo com esse princípio, um caramelo de sabor simples se tornará complexo e irresistível, pois o sal minimizará o amargor, fornecendo contraste e textura, além de realçar os sabores desse caramelo.

Assim como os tantos tipos de açúcar que temos a nosso dispor, o mesmo acontece com as variedades de sal, que diferem em sabor e grau de dissolução. Por isso é importante que você conheça o ingrediente com que vai trabalhar!

Todos os cristais de sal são produzidos pela evaporação da água, e é o tempo dessa evaporação que determina o formato dos cristais. Esse formato, por sua vez, vai especificar seu uso.

Na confeitaria, utilizamos basicamente dois tipos de sal: o refinado, também conhecido como sal de mesa, e o sal marinho. Ambos são obtidos pela evaporação da água do mar, mas a diferença é que o sal refinado passa por um processo térmico (para diminuir sua umidade), branqueamento, refinamento e iodação,* resultando em um sal de gosto levemente metálico e mais agressivo ao paladar. Já a flor de sal, um ingrediente caro e raro, é colhida da superfície de leitos de sal marinho.

(Faça um experimento! Coloque uma pequena porção de sal refinado na língua. Preste atenção ao sabor e às sensações que ele causa. Sua língua vai ficar incomodada, como se algo estivesse raspando nela. Agora faça o mesmo teste com sal marinho e com a flor de sal. Note as diferenças: os cristais destes últimos se dissolvem na boca com suavidade e delicadeza.)

O sal marinho não passa por nenhum desses processos e, por isso, mantém todos os seus microminerais e nutrientes, que o sal refinado acaba perdendo. Seu sabor é menos salgado que o do sal refinado, a quantidade de sódio é menor e não há adição de nenhuma substância química. É um

---

* Pela legislação brasileira, todo sal destinado a consumo humano precisa ser iodado. O sal de cozinha (ou refinado, ou de mesa) é iodado no Brasil desde 1953 para prevenir o bócio.

produto natural e varia em cor (rosa, cinza, preto e branco) e em tamanho dos cristais: do sal grosso a delicados grãos que desmancham na boca, como a flor de sal e o sal Maldon.

A flor de sal, mais elegante, antes era unicamente um produto francês (o processo foi desenvolvido no sudoeste da França, em Guérande, no ano de 945 por monges da abadia de Landévennec), mas hoje é produzida no Brasil também — no Rio Grande do Norte, estado que fornece quase todo o sal consumido no país.

Sua produção é totalmente artesanal e dependente das forças da natureza: o sol precisa ser intenso, com clima seco e vento constante, para que a fina rede cristalina se forme na superfície e os flocos frágeis, ocos e piramidais surjam — a flor de sal. Só então os cristais são recolhidos manualmente com peneiras e então postos para secar ao sol. Mas se o vento estiver forte e o tempo mudar, por exemplo, a rede não é formada.

Por ser mais leve, a flor de sal é menos salgada, e, por ser oca, é mais crocante — perfeita para estar presente nas finalizações de seus doces!

Como o método de trabalho empregado é artesanal, rendendo menos, essas especiarias tendem a ser mais caras do que os sais refinados, produzidos em massa. Não são indicados para salgar a massa de um bolo, por exemplo, mas são perfeitos para finalizar sobremesas. Tenha sempre os dois tipos de sal marinho à mão: um barato, para temperar massas e cremes, e outro especial, para finalizar e adicionar uma textura divertida aos seus doces.

2

PUXURI

O puxuri é uma semente amazônica que lembra a noz--moscada, mas com um quê mais mentolado, algo defumado...

Fica delicioso no molho branco, acompanhado da tradicional noz-moscada mesmo, mas na confeitaria vai bem em quase tudo!

Gosto de usar junto com preparações que levam rapadura — para mim, o puxuri e a rapadura nasceram um para o outro! No chocolate amargo, com maior teor de cacau, fica incrível também. O uso é simples — ralado ou em infusão —, e pode invadir a mistura de especiarias do pão de mel, dar um toque perfumado no arroz-doce e, especialmente, no caramelo!

3

CUMARU

Dez anos atrás, o cumaru era utilizado apenas em cosméticos e na perfumaria no Brasil, enquanto eu, lá na Espanha, ralava a semente em todas as sobremesas. Foi assim que descobri que, no exterior, essa especiaria é conhecida como *haba tonka*, *fava tonka* ou *tonka bean*.

A planta, também conhecida como cumarurana, cumaru-verdadeiro, cumaru-amarelo, cumaru-de-folha-grande, mumapagé, cumbaru e cumaru-de-cheiro, é nativa da região amazônica, numa área que vai do Acre ao Maranhão. Leguminosa, sua vagem ovalada dá uma única semente, chamada de cumaru. Seu princípio ativo, a cumarina, é encontrado em diversas plantas, entre elas a baunilha, o que faz com que muitas pessoas associem a semente à fava e substituam uma pela outra.

O aroma adocicado torna seu uso muito fácil na confeitaria: basta ralar a semente para finalizar doces e perfumar cremes e chocolates. Para mim, a combinação de cumaru e chocolate branco é infalível, seja para rechear um bombom, seja para fazer uma torta bem perfumada.

No entanto, é preciso dosar seu uso, que em excesso pode se tornar desagradável — como já ouvi de muita gente, fica com gosto de sabão. Então, para suavizar o sabor do cumaru, indico realizar uma infusão a frio com a semente inteira. Para dar um toque especial ao pudim, adiciono três sementes a um litro de leite e deixo descansar por um dia dentro da geladeira, depois retiro os bagaços antes de começar a receita. Fica delicado e com perfume suave!

4

AMBURANA

É nativa do cerrado e, assim como o cumaru, possui cumarina. Gosto de ralar as sementes no açúcar para dar um toque especial a sucos e bebidas e para finalizar o crème brûlée... O aroma que surge com o caramelo formado é inacreditável!

5

IMBIRIBA

Muito aromática, a imbiriba nordestina tem uma picância que lembra um pouco a da canela. Seu sabor é floral e delicado, por isso substitui bem a canela em pó. No arroz-doce fica incrível! Mas qual especiaria não vai bem no arroz-doce?

Ela pode ainda ser triturada como pimenta ou infusionada para o preparo de pudins e cremes.

6

PIMENTA-DE-MACACO

Também conhecida como pachinhos, esfola-bainha e pindaíba, a pimenta-de-macaco, mais que uma especiaria extremamente aromática — com notas amadeiradas, que lembram um pouco a chinesa pimenta-de-sichuan, mas com mais delicadeza —, provém de uma árvore que tem sido utilizada no reflorestamento e na preservação do cerrado.

Costumo utilizá-la como substituição da pimenta-do-reino, triturada, em doces. Talvez pela dificuldade de encontrá-la à venda, não é uma especiaria muito utilizada na gastronomia, em especial na confeitaria.

7

FAVA DE ARIDAN

Lembro até hoje do dia em que entrei em uma loja de artigos religiosos de umbanda e candomblé e me vi enlouquecida diante de várias especiarias que desconhecia. A moça da loja me olhou surpresa, e talvez tenha percebido de cara que meu foco não eram os artigos religiosos, mas a comida!

Foi assim que conheci a fava de Aridan, originária da África, mas já naturalizada brasileira. Sua aparência é de uma folha seca, mas tem notas de banana-passa defumada — como se fosse uma mistura de caramelo com baunilha despejada sobre uma banana madura! Está explicado meu encantamento?

Essa especiaria foi trazida para o Brasil pelos africanos escravizados com finalidade ritualística — está presente na maioria dos rituais de candomblé —, bem como farmacológica.

8

PRIPRIOCA

Raiz amazônica muito perfumada, essa especiaria vai bem em todas as preparações à base de leite, como pudim, arroz-doce, cremes, doce de leite e caramelo toffee. Uma torta de caramelo feita com priprioca e coberta com uma camada fina de chocolate amargo fica divina!

9

PACOVÁ

"Não me encha os pacovás!" — aposto que você já ouviu isso da sua mãe.

A pacová é uma especiaria de uso medicinal indicada para curar dor de estômago e má digestão. Originária da Mata Atlântica, é considerada o cardamomo brasileiro!

Com cachos de flores rosa, dá frutos que variam do vermelho ao púrpura, mas que só estarão prontos para o uso como especiaria quando se tornarem negros e secos. Use-os moídos, acrescentando em massas de tortas, biscoitos e bolos.

10

MATCHAMATE

A erva-mate, nativa da Mata Atlântica, tem propriedades semelhantes às do chá verde e, graças a um processo análogo ao da fabricação do matchá japonês, pode ser encontrada em um pó bem fino, facilitando muito sua utilização na confeitaria.

Conheci o matchamate através da jornalista, amiga e confeiteira Juliana Bianchi, em sua matéria de estreia para o site Sobremesah. Eu, que sou alucinada por descobrir e testar novos ingredientes, fiquei maluca quando a Ju comentou sobre esse novo produto e fui logo testá-lo!

Segundo a especialista em chás Carla Saueressig, o matchamate é feito apenas com folhas selecionadas da erva-mate, que são trituradas em um moinho de pedra e então peneiradas em um pano fino até sobrar um pó semelhante a um talco.

Apesar de o nome confundir, o matchamate só se assemelha ao matchá pela textura, pois tem uma cor mais viva, sabor mais adocicado e, claro, diferente. Por anos tentei introduzir a erva-mate em sobremesas, mas sem sucesso; só conseguia obter um sabor de mato, longe da delicadeza e da potência que o matchamate confere.

Gosto de associar o sabor do mate a pistache, limão, manga e maracujá. Utilizado da maneira certa, ele, que é bem potente, não sobressai e pode ser trabalhado quase como uma especiaria, quando não estiver no lugar de protagonista!

FRUTOS SECOS

I

BARU

Quando eu era uma jovem aprendiz, lá no início dos anos 2000, participei de um concurso de cozinha representando minha faculdade. Para esse campeonato, moldado pelas regras da culinária francesa, levei baru. Lembro-me de que o corpo de jurados estava repleto de chefs que eu admirava, e nenhum deles conhecia o baru. É possível imaginar, portanto, que o ingrediente brasileiro causou bastante estranhamento...

Logo que descobri o baru, através da chef Mara Salles — minha professora de cozinha brasileira na época —, me apaixonei. O sabor da castanha torrada lembra o do amendoim, só que mais delicado e bem menos oleoso. Assim que provei o baru pela primeira vez, me ocorreu a ideia de preparar uma paçoquinha, moendo-o e misturando com um pouco de farinha de mandioca torrada. E foi um sucesso!

Desse dia em diante, o baru nunca mais saiu da minha vida, muito menos das minhas preparações — no meu livro *A química dos bolos* dedico uma receita só a ele!

O baru é uma leguminosa nativa do cerrado brasileiro, prima do cumaru (a fava-tonca), que, ao contrário da castanha, ganhou muito destaque entre os confeiteiros. São tão primas que até os nomes se confundem, porque, além de tudo isso, o baru é conhecido popularmente como cumaru. Mas ele tem outros nomes também: como cumbaru (o.k., não ajudou muito...), fruta-de-macaco, coco-feijão e barujo.

A castanha está distribuída nos estados de Mato Grosso, Mato Grosso do Sul, Minas Gerais e Goiás. Aliás, desconheço quem vá a Pirenópolis e volte sem baru na mala! Em São Paulo também era possível encontrar o fruto, mas, com a extração exacerbada de madeira de baruzeiro para a construção civil, está praticamente extinto hoje em dia.

Rico em proteínas e minerais, o baru pode ser consumido torrado, mas não é indicado comê-lo cru, pois apresenta fatores antinutricionais que podem interferir na absorção de cálcio e zinco. Substitui bem outras castanhas e oleaginosas, como a de caju ou o próprio amendoim, no preparo de pé de moleque, paçoca, biscoitos, bolos, massas de torta, granolas e docinhos.

Mas nem só de torra é feita essa castanha: se preferir, pode consumi-la cozida em água ou na forma de leite, depois de processada.

O baruzeiro é uma árvore muito significativa para o cerrado, porque não só compõe a paisagem local como também oferece recursos alimentares e econômicos para a comunidade. Seus frutos são coletados manualmente depois da queda, a casca dura é quebrada com uma foice, e a torra se dá no fogão a lenha. De cada mil frutos, só se obtém, em média, um quilo de castanha. Por esse motivo, é preciso utilizar muito mais que apenas a sua amêndoa.

Do baru tudo se aproveita, inclusive a polpa! Para isso, cozinhe a polpa, sem a castanha, até ficar macia. Depois é só raspar e utilizar em cremes (como recheio de bolos, por exemplo), musses, sorvetes e tudo o que a sua criatividade permitir!

2

SAPUCAIA

Dias desses a Anna Guasti, lá de Minas Gerais, e a Juliana Franco, do Piauí, me enviaram castanhas de sapucaia descascadas, prontinhas para uso. Faz anos que tive meu primeiro encontro com a cabaça da sapucaia lá no Sítio do Bello e, desde então, não sosseguei até conseguir ter castanhas fresquinhas em mãos!

"Sapucaia" vem do tupi *sapukaîa*, que significa "barulhento". É nativa da Mata Atlântica, faz parte da família das lecitidáceas — ou seja, é prima da castanheira-do-pará e do jequitibá — e cresce frondosa de norte a sul do país. A sapucaieira é uma árvore de médio porte, com seus vinte a trinta metros de altura, o que dificulta bastante a colheita dos frutos — para mim, isso sempre foi um mistério.

Assim que o fruto amadurece, a tampa do coco se desprende do galho e é lançada quase como uma bomba lá do alto. Ao cair, com grande estouro, a tampa se abre e as castanhas se espalham, virando alimento para a fauna local. Os frutos que caem no chão podem ser atacados por fungos, por isso a coleta do coco precisa ser feita por um profissional capacitado para escalar a árvore e colher os frutos.

E ainda é preciso vencer a casca dura para chegar à castanha propriamente dita. No meu primeiro encontro com a sapucaia, para matar minha curiosidade, o jeito foi imitar um esquilinho e raspar com a ponta dos dentes a polpa suave daquele fruto até então desconhecido.

Voltei para São Paulo com a danada da castanha na cabeça. "Quero provar, quero provar, quero provar. Quero testar, virá-la de ponta-cabeça e criar algo com ela. Mas onde encontrar a danada da sapucaia?" O pensamento foi tão forte que o universo resolveu ser gentil comigo e fez com que a Anna e eu nos encontrássemos. E que encontro importante!

A amêndoa é bem leitosa e oleosa, porém crocante e com sabor delicado e adocicado. O perfume que sai do meu forno sempre que faço biscoitos com a sapucaia é inexplicável. Tem algo de coco e um toque misterioso, como se fosse o perfume de várias especiarias misturadas. Tem que testar para comprovar!

A castanha pode ser comida crua, fresquinha, ou assada, como qualquer outra. Pode também ser usada em bolos, biscoitos, para produzir pralin e praliné.

Além de utilizá-la como farinha ou para dar textura a doces, gosto de preparar o leite da sapucaia da mesma forma como preparo o leite de amêndoas ou de coco. Costumo usá-lo como qualquer outro leite vegetal, e o bagaço vira bolo (claro) e até massa para tortas!

NOTA

A sapucaieira é um espetáculo! Além dos cocos que caem do alto e fazem ruídos como fogos de artifício, a florada durante a primavera, em meados de setembro e início de outubro, é linda de se ver! Na época da floração, a sapucaieira é agraciada com uma capa cor-de-rosa. Os cachos de flores perfumadas variam em tons do lilás ao branco, e os brotos rosa das novas folhas logo se transformam em folhas verdes. Depois de dez meses, o fruto atinge seu ponto de maturação e pode ser colhido. É uma metamorfose linda de acompanhar!

CURIOSIDADE

Você já deve ter ouvido a expressão "Ela quebra o coco, mas não arrebenta a sapucaia" — que ficou muito conhecida por conta da atriz Cissa Guimarães. De fato, o ouriço da sapucaia é tão duro que chega a ser inquebrável!

A frase "Macaco velho não bota a mão na cumbuca" também vem da sapucaia: para conseguirem comer as amêndoas, os macacos batem dois ouriços numa tentativa de expulsar as castanhas de dentro, já que eles, com sabedoria, não colocam a mão dentro da cabaça para não correrem o risco de ficar com a mão presa! A natureza é mesmo sábia!!!

3

LICURI

Pés descalços e mãos sujas de tanto brincar. No pescoço, um colar de coquinhos sendo devorados, displicentemente.

Quem cresceu nas feiras da Bahia, do norte de Minas Gerais, do sul de Pernambuco, de Sergipe ou de Alagoas sabe do que estou falando. Para alguns virou apenas uma afetiva lembrança, mas, para os confeiteiros criativos, o licuri é um ingrediente cheio de potencial!

A palmeira se dá bem em regiões secas e áridas da caatinga, e a amêndoa do fruto de polpa amarela é carnuda e de sabor doce, similar ao coco. Quando seco, o licuri é crocante e levemente oleoso.

Conhecido também como aricuri, ouricuri e coquinho-cabeçudo, vai bem com doces ou salgados, o que dá mais espaço para a criatividade! Sua versatilidade vai além, e dele tudo se aproveita, inclusive a casca para artesanato. Da polpa se faz geleia, e da amêndoa se faz leite, farinha e azeite.

Eu uso licuri quando quero levar crocância e um leve sabor de coco a uma sobremesa. Tenho uma receita de bolo de banana mesclado com doce de leite que é um sucesso, mas, quando finalizo com licuri, vira um evento!

Além de preparar bolos e tortas com ele, gosto de misturá-lo com farinha de biju e tomar com leite, garantindo assim um café da manhã cheio de nutrientes (e sabor!).

4

CASTANHA-DO-PARÁ

Se você nunca comeu uma castanha-do-pará no mercado Ver-o-Peso, em Belém, fresquinha, aberta na hora, nunca comeu castanha-do-pará de verdade. Leitosa, crocante, não tem o mesmo sabor das castanhas que costumamos encontrar nos mercados de outras regiões do Brasil, já torradas e secas.

A castanha-do-pará fresca é bastante perecível e não resiste fora da geladeira. Ela é perfeita para extrair o leite e traz aquele sabor que me lembra o cheiro da grama depois de um dia de chuva.

Lembro-me, quando pequena, do meu pai congelando as castanhas na tentativa de retirar as amêndoas da casca grossa. A cada tentativa de quebrar a castanha no batente da porta era um berro da minha mãe: "Você vai quebrar a porta!". E, se não me engano, algumas portas sofreram bastante!

Faço uma torta de rapadura e castanha-do-pará que é deliciosa, mas com a castanha fresca parece que é outra receita! Depois de extrair seu leite, gosto bastante de fazer um bolo com o bagaço ou usá-lo no preparo de biscoitos.

O sorvete feito com o leite da castanha é bem delicado, e ela também fica maravilhosa em substituição ao leite de coco no preparo da cocada!

É um ingrediente bem conhecido e disputado, mas já comprei muita castanha rançosa, sem sabor. Isso destrói qualquer doce, por mais bem-feito que seja. E isso me faz pensar: será que a gente conhece profundamente nossos ingredientes?

Também conhecida como castanha-do-brasil (e não só do Pará, pois existe em outras regiões), castanha-da-amazônia (pois é produzida na floresta, não só no Brasil), castanha-do-acre, castanha-do-pará, noz boliviana, tocari, tucuri ou noz amazônica, provém de uma árvore de grande porte, muito abundante no norte do Brasil e na Bolívia.

Eu já tive a sorte de ter uma muda para chamar de minha, mas, depois de saber que um amigo tinha uma árvore com mais de quarenta metros e que nunca tinha dado fruto, constatei que aqui, onde moro, ela não seria feliz. O sonho de colher minhas próprias cabaças, cheias de castanhas, foi embora. O jeito é viajar mais vezes para Belém, o que não vai ser nada ruim!

5

CASTANHA-DE-CAJU E MATURI

O caju, pseudofruto do cajueiro (o fruto na verdade é a castanha-de-caju), é nativo do Brasil (sétimo maior país produtor do mundo) e foi levado pelos portugueses para as regiões tropicais da Ásia, da África e da Índia na segunda metade do século XVI. Mas muito antes da chegada dos portugueses o caju era alimento básico das populações autóctones, como os tremembés, que fermentavam o suco do caju (mocororó) para ser bebido na cerimônia da dança folclórica torém. Além disso, entre os índios tupis, a safra do cajueiro era utilizada como marcação temporal: a idade de cada pessoa era contada a partir de quantas castanhas-de-caju ela tivesse guardadas.

Rico em aminoácidos, ferro e vitamina C (muito mais que a laranja!), o caju pode ser usado para preparar sucos, compotas (levadas às melhores mesas da Europa por Maurício de Nassau, que chegou a baixar uma resolução que fixava a multa de cem florins por cajueiro derrubado, "visto que o seu fruto é um importante sustento dos índios"), mel (que possui propriedades tônicas, já que contém anacardina), doces, rapadura, caju-passa e a famosa cajuada. Com o fruto (a castanha), que fermenta rapidamente, produz-se a bebida alcoólica fermentada cauim (tradicional de alguns indígenas) e a deliciosa e não alcoólica cajuína (comum no Piauí, no Ceará, em Alagoas e em Pernambuco).

A castanha, o verdadeiro fruto do cajueiro, contém fibras, proteínas, minerais, carboidratos, fósforo, sódio, vitaminas e cálcio e, por isso, acredita-se ser uma boa fonte de combate às doenças cardíacas. Sua casca dupla contém a toxina urushiol, que deve ser removida, e um potente ácido anacárdico, que combate com eficácia bactérias que provocam cáries dentárias (dá para acreditar?).

Na Bahia, a colheita é feita antes da formação e do amadurecimento do pedúnculo do caju, obtendo-se dessa forma o maturi, a futura castanha-de-caju em sua fase inicial de desenvolvimento. Esse tipo de extração vem perdendo força, pois a casca do maturi tem a toxina urushiol, que causa alergia na pele e pode ser letal caso a castanha seja consumida sem processo de torragem. Com isso, as mulheres que colhiam o maturi se desestimularam e migraram para o processamento da castanha-de-caju, mais rentável.

O líquido remanescente da castanha-de-caju é utilizado em resinas, vernizes, detergentes industriais, inseticidas, fungicidas e até biodiesel. Além do fruto, a casca da árvore é utilizada como adstringente e tônico, e a resina do tronco, conhecida como goma do cajueiro, substituta da goma arábica, é utilizada na indústria do papel e na farmacêutica. Da seiva produz-se tinta e, além de tudo isso, as raízes têm propriedades purgativas.

No Brasil, o cajueiro também é conhecido pelos nomes derivados da língua tupi (*akaîu*): acaju, acajaíba, acajuíba, caju-comum, cajueiro-comum, cajuil, caju-manso, cajuzeiro e oacaju. Em Moçambique, é chamado de mecaju e mepoto.

Em inglês, *cashew* é derivado da nossa palavra em português, com uma pronúncia similar. Na Venezuela, é denominado *merey*, e em outros países da América Latina é chamado *marañón* (provavelmente devido ao nome da região onde foi visto pela primeira vez, no estado do Maranhão).

Até 2016, um cajueiro localizado na praia de Pirangi do Norte, no município de Parnamirim, no Rio Grande do Norte, era considerado o maior do mundo, mas outra árvore, descoberta no Piauí, hoje detém o título: são 8800 m² de área!

6

SEMENTE DE PEQUI

Certa vez, estava na casa de um amigo para um bate-papo sobre o futuro da confeitaria. Foi quando ele me deu um pedaço de chocolate e disse: "Come e me diz o que acha". Lembro até hoje como fiquei surpreendida! "Pequi? Como colocaram pequi no chocolate?"

Ele deu de ombros e falou: "Com a semente, oras!". Coisas da Claudia Schultz, que faz chocolates maravilhosos, entre os quais um feito com castanha-do-pará que desmancha na boca.

A semente do pequi, que fica dentro do caroço do fruto, pode ser consumida in natura ou utilizada como ingrediente na preparação de diversos doces. É rica em zinco, cálcio, iodo, ferro, manganês e, além de tudo, é extremamente saborosa.

No entanto, extrair a castanha sem deixar resíduos dos espinhos que ficam entre ela e a polpa é bem complicado. É isso que impede que encontremos esse ingrediente no mercado, motivo pelo qual a Claudia desistiu da produção do chocolate. Uma pena...

O pequizeiro é o rei do cerrado, e do fruto se usa tudo: a polpa, que produz um óleo denso, perfumado e alaranjado e pode ser congelada ou conservada em salmoura (e encontrada prontinha em mercados mesmo na entressafra), e as amêndoas, que, além de produzir um óleo clarinho e delicado, são deliciosas e deixam qualquer castanha europeia no chinelo!

O pequi é a paixão da minha mãe desde os tempos em que se esbaldava com arroz de pequi, roendo a polpa cremosa do fruto para evitar que os espinhos espetassem sua gengiva. Aliás, o caroço do pequi vem guardado como joia dentro do fruto de casca grossa e verde, fácil de cortar. Tem um formato ovalado, coberto com uma polpa amarelada, cremosa e muito perfumada (mesmo!). Quando se rói a polpa, percebe-se uma camadinha mais clara e dura que evita o contato com os espinhos que protegem a castanha.

Para alcançar as amêndoas, é preciso se munir de luvas para impedir que os espinhos atinjam os dedos (e *vão* atingir!). Então, com pequenas marteladas no caroço (que deve ser deixado para secar ao sol), a amêndoa fresca, leitosa e com um suave sabor de pequi se revelará. Antes de comer, certifique-se mais uma vez de que não há espinhos!

Até quem não é apaixonado por pequi, como uma grande amiga mineira (nunca vi mineiro não gostar de pequi!), se apaixona pelas castanhas. Elas podem substituir qualquer outra oleaginosa em pastas, pralinés, pralins, musses, chocolates, tortas, biscoitos e um mar de opções em que um profissional munido de um tico de curiosidade saberá se esbaldar! Ah, se quiser, torre no forno a 160ºC e coma do mesmo jeitinho que comeria um punhado de amendoim!